2ᵐᵉ SÉRIE
DU
MAGASIN THÉATRAL

PIÈCES NOUVELLES
JOUÉES SUR TOUS LES THÉATRES DE PARIS.

THÉATRE DES FOLIES-DRAMATIQUES.

LA CHUTE DES FEUILLES,

Proverbe en un acte, par MM. DEFORGE et EUGÈNE ROCHE.

25 cent.

PARIS.
MARCHANT, ÉDITEUR,
Boulevart Saint-Martin, 12.

1re SÉRIE DU MAGASIN THEATRAL
A 25 Centimes.

L'ALCHIMISTE, drame en 5 actes, par Alex. Dumas.
LES AMOURS D'UNE ROSE, féerie en 5 actes.
L'APPRENTI, ou l'Art de faire une Maîtresse, vaudeville en 1 acte.
ATAR-GULL, drame en 5 actes.
AUBRAY LE MÉDECIN, drame en 3 actes.
L'AUBERGE DE LA MADONE, drame en 5 actes.
L'AUMONIER DU RÉGIMENT, vaudeville en 1 acte.
L'AMI GRANDET, comédie-vaudeville en 2 actes.
LA BERLINE DE L'ÉMIGRÉ, drame en 5 actes.
LES BRIGANDS DE LA LOIRE, drame en 5 actes.
LA BICHE AU BOIS, féerie.
CALIGULA, tragédie en 5 actes, par Alexandre Dumas.
LE CANAL SAINT-MARTIN, drame en 5 actes.
LE CABARET DE LUSTUCRU, vaudeville en un acte.
CHEVAL DE BRONZE, opéra-comique de Scribe.
LA CHAMBRE ARDENTE, drame en 5 actes.
LES CHAUFFEURS, drame en 5 actes.
CHRISTINE A FONTAINEBLEAU, drame, par Frédéric Soulié.
CHRISTOPHE LE SUÉDOIS, drame en 5 actes.
CHATTERTON MOURANT, monologue en 1 acte et en vers.
LES CHEVAUX DU CARROUSEL, drame en cinq actes.
LE CHATEAU DE VERNEUIL, drame en 5 actes.
LE CHATEAU DE SAINT-GERMAIN, drame en 5 actes.
LE CHEF-D'ŒUVRE INCONNU, drame en un act.
LES CHIENS DU MONT SAINT-BERNARD.
CLAUDE STOCQ, en cinq actes.
LA CROIX DE FEU, en 5 actes.
CROMWELL ET CHARLES 1er, drame en 5 actes.
LE COMMIS ET LA GRISETTE, vaudeville en 1 acte.
LES DEMOISELLES DE SAINT-CYR, drame en 5 actes, par Alex. Dumas.
LES DEUX DIVORCES, vaudeville en un acte.
LE DÉSERTEUR, opéra-comique en 3 actes.
LA DEMOISELLE MAJEURE, vaudeville en 1 acte.
DON JUAN DE MARANA, par Alexandre Dumas.
LA DOT DE SUZETTE, drame en 5 actes.

LE DOIGT DE DIEU, drame en un acte.
LA DUCHESSE DE LA VAUBALIÈRE, drame en 5 actes.
DIANE DE CHIVRY, drame, par Frédéric Soulié.
LA DERNIÈRE NUIT D'ANDRÉ CHÉNIER, monologue en un acte.
L'ÉCLAT DE RIRE, drame en 3 actes.
EL GITANO, drame en cinq actes.
LES ENFANTS D'ÉDOUARD, par Casimir Delavigne.
L'ÉLÈVE DE SAINT-CYR, drame en 5 actes.
LES ENFANTS DE TROUPE, vaudeville en 2 actes.
LES ENFANTS TROUVÉS, drame en 3 actes.
L'ÉCOLE DES JEUNES FILLES, drame en 5 actes.
LES ENFANTS DU DÉLIRE, vaudev. en 1 acte.
ESTELLE, comédie, par Scribe.
ÊTRE AIMÉ OU MOURIR, idem.
EULALIE GRANGER, drame en 5 actes.
LES ENRAGÉES, vaudeville en 1 acte.
ÉDITH, drame en 4 actes.
EN SIBÉRIE, drame en 3 actes.
LA FAMILLE MORONVAL, drame en 5 actes.
LA FAMILLE DU FUMISTE, vaudeville en 2 actes.
FABIO LE NOVICE, drame en 5 actes.
LE FILS DE LA FOLLE, drame en actes, par Frédéric Soulié.
LA FILLE DE L'AVARE, comédie-vaudeville en 2 actes.
LA FILLE DE L'AIR, féerie en 3 actes et 11 tableaux.
LA FILLE DU RÉGENT, comédie en 5 actes.
LES FILETS DE SAINT-CLOUD, drame en 5 act.
FRANÇOIS JAFFIER, drame en 5 actes.
FRÉTILLON, comédie-vaudeville en 3 actes.
LA FIOLE DE CAGLIOSTRO, vaudeville en 1 acte.
FORTE-SPADA, drame en 5 actes.
LES GANTS JAUNES, vaudeville en 1 acte.
LE GARS, drame en 5 actes.
GASPARD HAUSER, drame en 5 actes.
LA GAZETTE DES TRIBUNAUX, vaudeville en 1 acte.
GENEVIÈVE DE BRABANT, mélodrame en quatre actes.
HALIFAX, comédie en 3 actes, par Alexandre Dumas.
L'HONNEUR DANS LE CRIME, drame en 5 actes.

LA CHUTE DES FEUILLES,

OU

L'APPÉTIT VIENT EN MANGEANT,

PROVERBE EN UN ACTE,

PAR MM. DEFORGES ET EUGÈNE ROCHE,

REPRÉSENTÉ, POUR LA PREMIÈRE FOIS, A PARIS, SUR LE THÉATRE DES FOLIES-DRAMATIQUES,
LE 5 DÉCEMBRE 1849.

PERSONNAGES.	ACTEURS.
ABEL................................	M. Boisselot (Paul).
URSULE.............................	Mlle Mayer (Désirée).

Le théâtre représente une petite chambre garnie avec fenêtre donnant sur les toits. — Une alcôve au fond, au milieu. — La porte d'entrée au premier plan, à droite du spectateur. — La cheminée est en regard. — Contre la cheminée, au deuxième plan, deux patères. — Une table de nuit sur laquelle est un petit coffre tout ouvert à la tête du lit. — Un fauteuil auprès de la cheminée, un guéridon à la gauche du fauteuil, un petit tabouret de pied contre la cheminée. — Un petit meuble gothique à droite; il est chargé de livres et de musique, un violoncelle est à côté. — Des gravures encadrées sont accrochées à la muraille. — Contre la cheminée, une bassinoire. — Une robe de chambre et un bonnet grec au porte-manteau, des pantoufles au Chaises de paille, guéridon, etc. (1).

SCÈNE PREMIÈRE.

URSULE, *seule.*

(*Au lever du rideau Ursule est en train d'écrire; une chandelle allumée est sur le petit guéridon.*)

« Ma chère marraine.

» Je suis arrivée à Paris en bonne santé, » et sans avaries... Sur votre lettre de re-» commandation, Mme Simonneau, la maî-» tresse de l'hôtel des diligences, m'a fort » bien reçue, mais toute sa maison était oc-» cupée... et si l'idée ne lui était pas venue » de me donner pour cette nuit, la chambre » d'une personne qui est en voyage, j'aurais » été forcée d'aller me loger ailleurs, ce qui » m'eût d'autant plus contrariée, que » M. Athanase Jouvenot, mon prétendu, » doit, comme vous savez, venir me chercher » ici de très-grand matin, pour m'emmener » dans sa famille, à Fontainebleau. Dans » quelques jours je vous ferai savoir comment » j'y ai été reçue. Adieu, ma chère mar-» raine, etc., etc., votre filleule pour la vie.

» Ursule GIRARD. »

(*Elle plie sa lettre, la cachète et met l'adresse.*)

Pour la province, les airs de M. Offenbach peuvent être facilement remplacés, les autres airs sont bien connus. Le violoncelle peut être remplacé par un violon.

La mise en scène est prise à droite du spectateur. Le numéro 1 tient la gauche. Les changements sont indiqués par des renvois au bas des pages.

(1) Voir, pour tous les autres accessoires, la note complète qui se trouve à la fin de la pièce.

« A madame, madame Bertrand, fermière
» à Gournay. »

Cette bonne marraine! Si elle ne recevait pas promptement de mes nouvelles, elle serait dans une inquiétude!... Ça la contrarierait tant de me laisser venir seule à Paris... O Dieu! Paris! rien que ce mot-là est un épouvantail pour nous autres provinciales...

Air: En vérité, je vous le dis.

Ou a beau dir' que pauvre ou riche,
Chacun, sans efforts superflus,
Au moyen d'une simple affiche,
Y r'trouve tous les objets perdus.
Moi c' n'est par l'esprit que j' brille,
Mais prudemment je veux marcher.
Il est des objets qu'une fille
Ne peut, hélas! faire afficher.

Heureusement que je suis en sûreté ici. (<i>Allant pour pousser le verrou de la porte.</i>) Tiens! il n'y a pas de verrou!... Ah! Mme Simonneau m'a enfermée à double tour... cela revient au même. (<i>Regardant autour d'elle.</i>) C'est que c'est très-gentil ici... qui est-ce qui peut habiter cette chambre?(<i>Regardant des petites boîtes et des fioles sur la cheminée.</i>)Pâte de Regnault, pâte de Nafé d'Arabie, pâte de mou de veau, pâte de limaçon. C'est un apothicaire, (<i>Prenant la chandelle, pour examiner les tableaux.</i>) Mort de Gilbert... mort de Chatterton... mort de Millevoye... mort de... non, c'est un actionnaire des pompes funèbres... après tout, ça m'est égal, pour le temps que j'ai à rester ici. (<i>Otant son bonnet et son fichu et se coiffant de nuit. Elle regarde à sa montre.</i>) Minuit et demi, on viendra me réveiller ici à cinq heures... Ma foi, je vais me reposer tout habillée... je serai plus tôt prête. (<i>Elle se couche et éteint la chandelle.</i>) C'est donc demain qu'on signera le contrat, et dans huit jours le mariage... Le mariage... je vais en rêver toute la nuit... pourvu que je n'aie pas le cauchemar.

Air de la Fille de l'air (2e acte).

D'abord monsieur le maire
En écharp' nous unit;
Ensuite au presbytère
Le pasteur vous bénit.
Après le dîner, vite,
Maint danseur vous invite,
Aucun n' veut avoir tort,
Si bien qu' quand la journée
Est enfin terminée,
De fatigue on s'endort.
On dort.

Elle s'endort. La musique continue doucement.

SCÈNE II.
URSULE <i>sur le lit,</i> ABEL.</center>

ABEL, <i>entrant doucement avec un rat de</i> cave allumé. <i>Il referme la porte à double tour, il a une casquette à oreilles, un cache-nez, un manteau, des bottes fourrées. Il a est enveloppé de manière à n'avoir pas figure humaine.</i>) Brrr! je grelotte, et cependant j'arrive du Midi... par le chemin de fer du Nord... train de plaisir... et pas sans peine, à la station de... je ne sais plus le nom... voilà le charbon qui nous manque... bien! A la station de... d'après... c'est l'eau, très-bien... A celle de... d'ensuite, c'est l'eau et le charbon. Bref! nous sommes en retard de cinq heures sur la diligence... aussi, je peux dire que j'ai bisqué, que j'ai fumé... quoique ce soit défendu par les règlements. (<i>S'approchant de la cheminée.</i>) Ah! Mme Simonneau a tout préparé. (<i>Il allume sa chandelle et éteint son rat qu'il pose sur la cheminée.</i>) Enfin, me voici réintégré dans mes lares. (<i>Il se débarrasse de ses habits, passe sa robe de chambre et met ses pantoufles.</i>) Et j'en avais besoin. (<i>Il prend une boule de gomme et tousse.</i>) Ah! pauvre Abel, ça va mal! (<i>Il s'étale dans un fauteuil qu'il rapproche de la cheminée.</i>)

Fatal oracle d'Épidaure,
Tu m'as dit...

Voilà déjà six mois que l'oracle d'Epidaure, sous la forme d'Athanase Jouvenot, mon ami intime... Pharmacien breveté, bachelier-ès-drogues, m'a dit la chose vexante ci-après :

Les feuilles des bois
A tes yeux jauniront encore,
Mais c'est pour la dernière fois....

Et nous sommes au 15 novembre, à la chute des feuilles... à cet époque où le bocage est complétement dénué de mystère, où le rossignol a perdu son <i>ut</i> de poitrine... Longtemps j'ai lutté contre cette certitude, j'ai consulté des médecins, beaucoup de médecins... ils m'ont tous dit la même chose... il n'y a rien à faire... et comme j'insistais, ils m'ont envoyé promener... dans le Midi... Alors, abandonné des hommes, (<i>il se lève,</i>) je me suis jeté dans la science... j'ai dévoré des volumes... (<i>Il prend un livre placé sur le petit meuble.</i>) Et j'ai reconnu tous les symptômes de mon mal... oh! il n'y a pas à tortiller, je suis sûr de mon affaire. (<i>Lisant dans le livre qu'il a ouvert.</i>) « Les poitrinaires digèrent facile- » ment... rien ne leur fatigue l'estomac. » Et moi donc! je mange de tout et ça passe comme une lettre à la poste,... c'est horrible à imaginer! Autre symptôme. «Les poitri- » naires sont mélancoliques et très-enclins aux » passions du cœur. » Et moi donc!... et moi donc! La vue d'une femme, d'une simple femme! Ah! chassons ces idées. Dernier symptôme, et le plus foudroyant pour moi : « Près de mourir on devient poète !... » ainsi Gilbert, ainsi Malfilâtre. » Et moi donc ! pour me distraire, dans le wagon, je me suis amusé à composer mon épitaphe, et j'y ai réussi avec un bonheur qui me glace d'effroi ! c'est d'un poétique... d'une fantaisie ! ah ! Écoutez : Lai... c'est le genre de poésie qui me convient le mieux... Lai :

    Qu'est-ce donc que la vie?
    Une table servie
De mets exquis et délicats,
    Où, plein de confiance,
    Dans un joyeux repas,
Je vins m'asseoir... Vaine espérance,
    Car hélas !
Pour je ne sais quel outrage,
    L'amphitryon
Me fit sortir de sa maison
Qu'on n'était encor qu'au potage !

La plaisanterie se mêle agréablement à la gravité du sujet... c'est le chant du cygne. (*Il tousse, met du sucre dans un verre, et y verse de l'eau qui chauffe à la cheminée dans une bouilloire.*) Si je n'avais pas soin de moi, je serais à six pieds sous terre à l'heure qu'il est. Aussi, je me choie, je me dorlotte... je cherche à adoucir mes derniers moments. (*Goûtant son verre d'eau sucrée.*) Il n'y a pas assez de sucre ! (*Il remet du sucre et boit.*) Là, une bonne nuit par là-dessus. (*Il vide ses poches et met son argent et sa montre dans le petit coffret qui est sur la table de nuit.*) Où est donc la clef de ma chambre... ah ! après ma chaîne de montre... j'allais faire un joli coup. (*Il laisse le coffret ouvert.*) Maintenant, faisons ma couverture ! (*Il va vers le lit, puis frappé d'une idée subite :*) Oh ! Dieu ! oh ! Dieu ! pourvu qu'on ne m'ait pas emprunté ma bassinoire ! non, je respire. (*Prenant la bassinoire.*) La voici !.. c'est qu'au mois de novembre n'avoir que soi pour se réchauffer... et jamais que soi, tous les hivers... (*Il met du feu dans la bassinoire.*) Il y a des gens qui me disent : Pourquoi ne vous mariez-vous pas? Pourquoi?... oui ! j'y ai bien pensé, parbleu ! on m'avait proposé une petite cousine que je n'ai jamais vue... mais qu'on dit fort agréable et ornée d'une dot non moins agréable... j'aurais volontiers allumé avec elle le flambeau conjugal... d'autant que je suis né pour ce mariage. (*Il pose sa bassinoire contre le fauteuil.*)

    Air du *Maître d'école*.

Oh ! oui, je sens l'hyménée
Contenterait tous mes désirs,
Il semble que chaque journée
Amène de nouveaux plaisirs.
Est-il rien qui puisse vous plaire
Comme tous ces marmots d'enfants,
Qui presque toujours de leur père
Sont de jolis portraits vivants !
C'est surtout au jour de fête,
Ou bien au premier de l'an,
Qu'on a l'âme satisfaite,
Chacun fait son compliment !
De tous ces moutards qu'on aime,
On juge alors par soi-même
    Les progrès
    Et les succès.

(*Parlé.*) Bonjour, papa !—Bonjour, Sophie ! bonjour, Lolo, Jules, Alfred, Gustave, etc. —Papa, c'est aujourd'hui ta fête !—Bah ! vraiment?... On le sait depuis trois semaines, c'est égal... on dit toujours : Bah !... vraiment !—Papa, je t'ai brodé un rond de serviette.—Oh ! que c'est gentil et il y a dessus, écrit en perles : Bon appétit. Quelle attention délicate !—Et moi, papa, je sais une fable !—Voyons ta fable... (*Prenant la voix d'un enfant qui récite.*) Le Pourceau et le Coursier, fable.

    Que fais-tu là dans le bourbier
    Où je te vois vautrer sans cesse ?
    Au pourceau disait le coursier.

Que fais-tu là, disait au pourceau.—Voyons, donne-toi le temps.—Oui, papa, disait le bourbier au pourceau... Papa... pourceau... je ne sais plus.—Eh bien !... il ne faut pas pleurer pour ça... ce que tu m'en as dit est déjà très-littéraire... Et toi, mon Lolo, mon plus jeune sang, qu'est-ce que tu as à me dire?—Papa, ton sang t'a fait une page d'écriture.—Est-il espiègle, ce gaillard-là... a-t-il de l'esprit !... Voyons ta page : Commencement. Superbement. Diplomatiquement. Inconstitutionnellement. Ah ! ce sont des vers à trois ans !... c'est admirable ! j'en ferai un représentant !...

Oh ! oui, je le sens, l'hyménée, etc.

Mais, hélas ! il n'y faut pas songer, sinon... Ah ! mon ami intime, Athanase le pharmacien, ne me l'a pas mâché... Si jamais tu te maries, tu es un homme mort... Aussi, pour ne pas m'exposer à faire une veuve et des orphelins, je me monte l'imagination contre les femmes... je m'étudie à les trouver bêtes... laides... désagréables, et j'ai juré que ce serait-ci leur resterait à jamais interdit. (*En ce moment il s'approche du lit avec la bassinoire. Ursule se réveille et fait tomber la lumière placée sur la table de nuit.—Nuit.*) Hein ?... qui va là ?

~~~~~~~~~~~~~~~~~~~~~~~~

SCÈNE III.
URSULE, ABEL.
ENSEMBLE.
Air nouveau de *V. Offenbach*.

URSULE.
Au voleur ! au voleur !

Quelle horrible aventure!
Épargnez-moi, je vous conjure,
Ayez pitié de ma frayeur!
Au voleur!

ABEL.

Au voleur! au voleur!
Quelle horrible aventure!
Je gagerais que ma figure
Est d'une effrayante pâleur.
Au voleur!

Dans l'obscurité, ils se heurtent et tombent à genoux de frayeur.

URSULE.

Soyez touché de ma prière.

ABEL.

Ah! grâce, messieurs les filous,
Si nous avions de la lumière,
Vous me verriez à vos genoux.
Ce que je possède est à vous.

URSULE.

Voici mon collier, mes bijoux!

ENSEMBLE.

Mais les scélérats, d'ordinaire,
N'ont pas un langage aussi doux.

En cherchant ses allumettes, Abel ferme le coffret; Ursule de son côté cherche à allumer la chandelle.

REPRISE DE L'ENSEMBLE.

Au voleur! au voleur! etc.

Abel allume son rat. Ursule allume la chandelle à la cheminée.

URSULE, *apercevant Abel.* Vous n'êtes donc pas un voleur?

ABEL, *de même.* Vous n'êtes donc pas un brigand?

URSULE. Mais alors, sortez, Monsieur... sortez...

ABEL. Me mettre à la porte de chez moi!... il est joli, celui-là!...

URSULE. Cette chambre est la vôtre?

ABEL. Cette chambre est la mienne...* ce lit est le mien... tous ces bibelots sont les miens... Mais vous, jeune inconnue, répondez: Depuis quand?... comment?... pourquoi êtes-vous ici?

URSULE. Oh! mon Dieu, Monsieur, je vas tout vous dire... Je suis arrivée ce soir... et je me remets en route demain matin, à six heures; j'avais une lettre de recommandation pour la maîtresse de cet hôtel.

ABEL. La Simonneau! et elle vous a logée dans ma chambre...

URSULE. Elle ne vous attendait pas...

ABEL. Infamie!... je lui ai écrit que j'arriverais aujourd'hui à Paris... Serait-ce un piége tendu à mon innocence?

* Abel, Ursule.

URSULE. Sans doute, elle n'aura pas reçu votre lettre?

ABEL. Vous calomniez la Poste!... vous allez bien, vous... je l'ai jetée moi-même dans la boîte; ainsi... attendez... attendez donc... (*Il la retrouve dans la poche de son pantalon.*) Ah! non! la voilà!

URSULE. Vous voyez bien!

ABEL. Alors, je n'incrimine plus la Simonneau! mais n'importe... la situation est incohérente... et il faut en sortir.

URSULE. Que vais-je devenir, mon Dieu!

ABEL. Rassurez-vous... je n'aurai pas la cruauté de vous mettre à la porte... seulement, je m'en vais chercher un autre gîte.

URSULE, *à part.* C'est un bien honnête homme.

ABEL, *qui s'est rhabillé, voulant ouvrir le coffret et ne le pouvant pas.* Vous avez la double clef de la chambre?

URSULE. Non; madame Simonneau m'a enfermée...

ABEL. Allons, bon!... la mienne est là-dedans... et la boîte s'est refermée.

URSULE. Ouvrez-la...

ABEL. Mais je ne peux pas... la serrure est abîmée.

URSULE. Ah! Monsieur... je vous avais mieux jugé... un pareil prétexte!

ABEL. Prétexte! le mot est charmant!... Si vous craignez le tête-à-tête, je le crains bien plus que vous. (*A part.*) Avec ça elle est fort drôlette... elle a des yeux... Pristi!... quels yeux! Je ne suis pas en sûreté ici, moi!

URSULE. Mais alors... que faire?...*

ABEL. C'est bien facile, je vais appeler.

URSULE. Tout le monde dort!

ABEL. Je vais réveiller tout le monde. (*Il va ouvrir la fenêtre et se met à crier.*) Boniface!

URSULE, *l'arrêtant.* Mais, Monsieur, c'est encore pis!

ABEL. Vous aimez donc mieux rester seule avec moi?

URSULE. Je ne dis pas ça...

ABEL, *retournant à la fenêtre.* Alors, je vais appeler... Bonif...

URSULE. Mais enfin... si l'on vient et que l'on nous trouve tous deux enfermés, à cette heure?

ABEL. Eh bien!

URSULE. Eh bien! on croira...

ABEL. On croira... quoi?

URSULE. Il faut si peu de chose pour compromettre...

ABEL. Je brave l'opinion.

URSULE. Je crois bien... vous, un homme. Si j'étais à votre place, je m'en moquerais bien.

* Ursule Abel.

ABEL, *à part*. Quelle petite gaillarde! Si elle! était l'homme et moi la jeune fille, je crois que demain j'aurais bien des larmes à répandre. (*Haut.*) Alors, c'est décidé, je reste...

URSULE. Monsieur, je me confie à votre honneur!

ABEL. Ah! soyez tranquille.

Air; *Depuis longtemps j'aimais Adèle.*
Avec moi c'est sans importance,
Mais près d'un plus entreprenant,
Trembler ainsi serait une imprudence
C'est rendre le danger plus grand.

URSULE.
Quand on a peur...

ABEL.
Il faut bien prendre à tâche
De se contraindre... On peut, sur la frayeur,
Juger du prix des trésors que l'on cache,
C'est maladroit de tenter un voleur. (*Bis.*)
Surtout quand on est aussi riche que...

URSULE. Monsieur!...

ABEL. Heureusement, je ne suis pas un voleur... (*A part.*) Oh! j'éprouve des palpitations... Brisons ce dialogue érotique.

URSULE. Quel drôle de jeune homme!

ABEL, *allant prendre son violoncelle.* Appelons les arts à notre secours!

URSULE. Vous jouez du violoncelle, monsieur?

ABEL. Je ne suis pas de la première force... ni même de la seconde... mais j'en râcle quelque peu agréablement, et je suis élève de Jacques Offenbach.

URSULE, *regardant un morceau de musique qu'Abel a déposé sur une chaise qui lui sert de pupitre.* Vous chantez aussi?

ABEL, *avec modestie.* Autrefois, oui... mais maintenant... (*Il met la main sur sa poitrine.*)

URSULE, *lisant.* « La Bergère sentimentale. (*Cherchant à déchiffrer.*)

Triste, rêveuse,
Et malheureuse,

ABEL. Tiens! mais vous-même...

URSULE. Oh! oh! j'ai pris quelques leçons, (*Déchiffrant.*)

Et malheureuse
La pauvre enfant.

ABEL. Si vous vouliez l'essayer je vous accompagnerais...

URSULE. Volontiers! (*Abel exécute la ritournelle sur sa basse.*)

* Air nouveau de Jacques Offenbach.
Triste, rêveuse,
Et malheureuse,
La pauvre enfant
Disait souvent:
Non, pour moi la vie
Ne peut être un bien.
Oh! que je m'ennuie,
Moi qui n'aime rien.
Par cette pensée,
Son âme brisée
Cherche dans les flots
L'éternel repos,
Un berger qui l'a suivie,
Plonge et lui sauve la vie.
Vive et rieuse,
Puis amoureuse,
Dès ce moment,
La pauvre enfant
Disait attendrie:
Quel tort fut le mien,
On tient à la vie
Quand on aime bien.

ABEL, *répétant le refrain avec mélancolie et en s'accompagnant.*

On tient à la vie
Quand on aime bien!
Quand on aime bien!
Quand on aime bien!

Pendant qu'il joue la retournelle, Ursule s'endort.

Triple mensonge et triple dérision! c'est parce que je tiens à la vie, que je n'aime pas, que je ne veux pas aimer!... Deuxième couplet... Eh bien! nous ne partons pas?... (*Il se retourne et voit Ursule endormie.*) Si fait, parbleu!.., la voilà partie! (*Il se lève.*) Pauvre innocente brebis!... elle dort auprès du loup. (*Il va porter son violoncelle et revient contempler Ursule.*) * O Dieu! est-elle gentille quand elle dort!... quelles jolies petites mains! quels jolis petits pieds... quel... et dire que je suis là... seul avec elle... que je n'ai qu'à vouloir... (*Il s'approche de nouveau d'Ursule, puis il tousse et s'arrête avec effroi.*) Ah! fuyons! fuyons! (*Il s'élance par la fenêtre et disparait sur les toits.*)

SCÈNE IV.

URSULE, *seule, se réveillant au bruit que fait Abel en se sauvant.*

Hein! qu'est-ce qu'il y a? Monsieur! monsieur, eh bien! où donc est-il? Ah! mon Dieu! il a disparu... comme une ombre, comme un sylphe... et pourtant...

Air nouveau de M. Offenbach.
Non, ce ne peut être
Un esprit
Qui la nuit
Par la fenêtre
S'enfuit!
De nous trouver ensemble,
C'est, je crois, lui qui tremble
D'où vient sa frayeur!

* Abel, Ursule.

Suis-je à faire peur?
La drôle d'aventure!
Hélas! ma figure
Doit-elle inspirer de l'effroi?
S'ennuyait-il auprès de moi? (Bis.)
Non, ce ne peut être, etc.

On entend des chats miauler sur les toits.

ABEL, *en dehors.* Voulez-vous bien vous taire, libertins!

URSULE. Comment! il est dans la gouttière? (*Elle va vers la fenêtre.*)

SCÈNE V.

URSULE, ABEL.

ABEL. Ah! le gredin! (*Il entre dans sa chambre et tenant sa main sur sa joue.*)

URSULE. Vous êtes blessé?

ABEL. Il paraît que j'ai dérangé un tête-à-tête... et cet animal-là s'est mis à jurer après moi... et encore s'il s'en était tenu aux gros mots!... (*Il montre sa figure.*)

URSULE. Il vous a bien arrangé!... mais aussi... qu'est-ce que vous allez faire sur les toits?

ABEL. Que lui dire? (*Haut.*) Je croyais avoir entendu crier à la garde... et j'allais voir... Ah! ah!... je grelotte! je frissonne!... c'est qu'il pleut d'une force!...

URSULE. Approchez-vous de la cheminée. (*Elle souffle le feu et met une bûche.*) Comme vous tremblez! Oh! mon Dieu! il n'en faut pas davantage pour attraper une fluxion de poitrine!...

ABEL, *qui s'est assis dans le fauteuil, se levant brusquement.* O ciel! qu'avez-vous dit! quand c'est pour l'éviter au contraire...

URSULE. Comment?

ABEL, *se reprenant.* J'ai dit quelque chose?... c'est possible... mon esprit est tellement engourdi par le froid que je ne le sens pas... il bat la campagne, le drôle! (*Il se rassied.*)

URSULE. Chauffez-vous!... Eh bien! ça revint-il un peu?

ABEL, *se chauffant.* Pas encore!... j'ai des crampes partout... même dans l'estomac... avec ça que je suis à jeun depuis mon dernier repas...

URSULE. Eh bien! si je vous invitais à souper?

ABEL, *à part.* Elle voudrait me conduire dans un restaurant. (*Haut.*) Vous oubliez que nous sommes enfermés.

URSULE. Je le sais bien... mais j'ai des provisions dans mon panier de voyage... j'ai encore une aile de poulet... la moitié d'une galette et les trois quarts d'une bouteille de vin!

ABEL. C'est un buffet que votre panier... Eh! je ne ferai pas le fier... j'accepte... mettons le couvert.

URSULE. C'est ça.

ABEL. Voici déjà la table...

URSULE. Voulez-vous me donner une nappe?

ABEL. Une nappe?... tenez-vous bien à une nappe?... A la rigueur...

URSULE. On peut s'en passer... Voici le vin. (*Elle le pose sur la table.*)

ABEL. Voici l'eau. (*Il place la carafe sur la table.*)

URSULE. Les verres?

ABEL. Ah! diable!... j'en possède un!...

URSULE. C'est peu...

ABEL. Attendez! j'ai dans ma poche une tasse en cuir bouilli!... (*Il la place sur la table qu'il regarde avec satisfaction.*) Eh! eh!... ça prend tournure.

URSULE. Et l'argenterie?

ABEL, *allant au petit meuble.* Ça n'est pas ça qui me manque... j'ai un convert complet en maillechort, cuiller, fourchette et couteau. A vous les honneurs de la fourchette... à moi la cuiller... le couteau à nous deux. (*Le plaçant au milieu de la table.*) Miloyen... maintenant on peut servir...

URSULE, *tirant l'aile de poulet de son panier.* Où mettez-vous vos assiettes?

ABEL. Mes assiettes?... je ne les mets pas... Ah! à la rigueur...

URSULE. On peut s'en passer.

ABEL, *allant prendre une brochure sur le petit meuble.* Tenez!

URSULE. Qu'est-ce que c'est que cela?

ABEL. Un tragédie de l'Odéon... comme plat... cela fera notre affaire; nous mettrons ça en regard de la galette.

URSULE, *qui a posé l'aile de poulet sur la brochure.* Tout est prêt.

ABEL. Soupons!

URSULE. Et le pain?

ABEL. Ah! sapristi!

URSULE, *l'imitant.* Ah! à la rigueur.

ABEL. On ne peut pas s'en passer.

URSULE. Nous le remplacerons par la galette.

ABEL. C'est bien lourd... mais à la guerre... (*Ils se mettent à table.*) Convenez que le hasard... Prêtez-moi donc votre fourchette.

URSULE. La voici. (*Déchirant une feuille de la tragédie.*) Et voilà mon assiette.

ABEL. Merci! Le hasard, dis-je, a de singuliers caprices! Enfin, quelqu'un qui m'eût dit ce matin, tu souperas en tête-à-tête avec une jeune fille aux yeux bleus, je lui aurais répondu : Tu en as menti, ou vous en avez

* Abel, Ursule.

SCÈNE V.

LES MÊMES, L'ABBÉ GABRIEL, PORNIC, PAYSANS, PAYSANNES.

CHŒUR.

Air de Blanc et Noir.

Monsieur l' curé, voyez notre misère,
Et dites-nous ce que nous devons faire.
　Toutes les nuits,
　Nos plus beaux fruits
Par le démon se trouvent tous détruits.
Protégez-nous ! car le ciel en colère
De vos enfants repousse la prière,
　Et du canton
　Le saint patron
S'est donc enfui devant ce noir démon !

GABRIEL.

Oui ! c'est affreux, c'est horrible, épouvantable !
Tous ces dégâts sont faits pour nous effrayer ;
Mais de vos maux vous n'accusez que le diable,
Et vous prétendez le faire prisonnier ;
Mais pour cela faudrait être sorcier,
Je suis curé, je ne suis pas sorcier.

ENSEMBLE.
LE CHŒUR.

Monsieur l' curé, voyez notre misère,
Et dites-nous ce que nous devons faire,
　Car du pays le saint patron
　N'habite plus notre pauvre canton !
　Non, non, non, c'est le démon !

GABRIEL.

Mes chers enfants, je vois votre misère,
Mais dites-moi ce que je peux y faire ?
　Car du pays le saint patron
　Veille toujours sur notre heureux canton.
　Non, non, non, ce n'est pas le démon.

GABRIEL. Ah ! mes chers paroissiens, vous finirez par me faire mettre en colère, tout curé que je suis ! Des sortilèges... croire encore à cela ! ah ! si l'on venait plus souvent me voir et causer avec moi, on n'aurait pas de ces sottes idées-là dans la tête... mais le curé vous fait peur avec sa robe noire. — N'est-ce pas, Lescoriou, qu'on te ferait entrer plus facilement au cabaret que dans le confessionnal ?

Air du Piège.

Me fuir, c'est faire croire au mal
Qui mérite pour toi le blâme ;
Et craindre autant mon tribunal,
C'est accuser tout haut ton âme.
Tu ressembles, en t'éloignant,
A ces sournois détestant la lumière,
Qui tremblent rien qu'en regardant
La lanterne du commissaire.

KERNOC. Cependant, ce n'est pas à cause de Lescoriou que le ciel est irrité contre la paroisse.

GABRIEL. Allons, tout décidément, Kernoc, vous tenez à ce que le ciel soit irrité, et vous tenez peut-être plus encore à laisser croire qu'il est irrité contre moi, n'est-ce pas ? (Souriant.) Jusqu'à preuve du contraire, vous me permettrez de penser qu'il est un lieu (montrant le ciel) où je ne suis pas tout à fait en disgrâce.

Air de la Bergère châtelaine.

1ᵉʳ Couplet.

Mon jardin a, pour sa parure,
De beaux fruits et de belles fleurs ;
Sans soins et presque sans culture,
Mon verger donne des primeurs.
Quand sur nous gronde le tonnerre,
Que la foudre met tout en feu,
J'aperçois, après ma prière,
L'arc-en-ciel sur mon presbytère,
Vous voyez bien que le bon Dieu
Me favorise encore un peu.

2ᵐᵉ Couplet.

Grâce au ciel, je trouve les plantes
Utiles à l'humanité,
Et quelques paroles touchantes
Pour vous prêcher la charité.
Un pauvre enfant, dans la rivière,
Du péril se faisait un jeu,
A la mort j'ai pu le soustraire,
Et le rendre à sa pauvre mère...
Vous voyez bien que le bon Dieu
Me favorise encore un peu.

KERNOC, bas, à Lescoriou, en lui montrant les paysans qui paraissent convaincus. Lescorion, il faut leur prouver que l'abbé n'est pas plus que les autres à l'abri...

GABRIEL, aux paysans. Oui, mes enfants, oui, vous n'avez qu'une chose à faire... à partir de ce soir, mettez des factionnaires partout.

PORNIC. C'est ça, on montera la garde.

LESCORIOU, bas, à Kernoc. Des factionnaires partout... Comment pourrons-nous ?...

KERNOC, bas. N'êtes-vous pas sergent ? On les pose où l'on veut.

GABRIEL, aux paysans. Continuez ainsi pendant quelques nuits encore, et je vous garantis que les sorciers délogeront bien vite devant les sentinelles.

LESCORIOU, faisant un signe d'intelligence à Kernoc. Kernoc, venez avec moi, nous allons faire les billets de garde. (Au curé.)

Air : Vive le roi. (Henrion.)

Bon ! j'adopte ce moyen ;
Mais ici, je crains bien
Qu'il ne nous serve à rien ;
C'pendant, pour vous plaire,

C' que vous désirez, je l' frai.
Avec intention.
Ce soir, monsieur l' curé,
Moi-même je plac'rai
Chaque factionnaire.
Aux Paysans.
Soyez tous (*bis*)
Bien exacts au rendez-vous.
                        ENSEMBLE.
Nous s'rons tous (*bis*)
Bien exacts au rendez-vous.
Ils sortent tous de différents côtés.

SCÈNE VI.

GABRIEL, puis YVONNE.

GABRIEL, *seul.*

Ce Kernoc, ce Lescoriou, ce sont mes ennemis... et pourquoi? parce qu'en faisant un peu de bien je les empêche de faire beaucoup de mal. Oui, leur aversion pour moi date du jour où j'ai voulu les empêcher de dévaster la belle allée qui conduit au château... Des ormes séculaires, des arbres féodaux, comme ils disent, ils les ont arrachés pour planter deux pauvres petits peupliers !... J'avais beau leur crier :

AIR : *Un page aimait la jeune Adèle.*

Par des réformes hasardées
Ne devançons pas l'avenir,
Les arbres, comme les idées,
Ont besoin de temps pour grandir.
Suivant une sage doctrine,
Attendez, mes chers citoyens,
Que vos arbres aient pris racine,
Avant d'abattre les anciens.

A ce moment Yvonne sort du presbytère ; elle a sur ses épaules le mantelet breton; elle porte à la main un petit coffret.

YVONNE, *apercevant l'abbé Gabriel; avec embarras*.* Ah ! c'est vous, monsieur le curé. (*Elle s'arrête sur la porte.*)
GABRIEL. Dites-moi donc, Yvonne, pourquoi ce coffre et ce manteau?
YVONNE, *de plus en plus embarrassée.* Je vais vous dire... je sors... une toute petite course dans le village.
GABRIEL. Une toute petite course, avec un manteau et une malle? (*Avec sévérité.*) Vous mentez, Yvonne.
YVONNE, *baissant les yeux.* C'est vrai, monsieur le curé, je ne sors pas; je pars.
GABRIEL, *étonné.* Vous partez ! Et si je ne vous avais pas rencontrée?...
YVONNE, *s'avançant vivement.* Oh ! je vous aurais écrit pour vous remercier encore de toutes les bontés que vous avez eues pour moi.
GABRIEL. Et où allez-vous, malheureuse enfant?
YVONNE. A la ville voisine, chercher une condition.
GABRIEL. Ah ça, voyons, qu'est-ce que cela signifie? C'est un coup de tête, n'est-ce pas, Yvonne?
YVONNE. Non... c'est après avoir bien réfléchi.
GABRIEL. Ah ! c'est trop fort, par exemple ! Yvonne, on ne quitte les gens que lorsqu'on a à se plaindre d'eux. Ai-je jamais manqué d'égards envers vous?
YVONNE, *vivement.* Oh ! non, jamais.
GABRIEL. M'en voulez-vous de vous avoir empêchée quelquefois d'acheter aux colporteurs des chapelets qu'ils bénissent eux-mêmes et des croix d'or contrôlées par le chaudronnier?
YVONNE. Non, monsieur le curé ; vos conseils m'ont toujours été utiles.
GABRIEL. Vous n'étiez pas une servante ici... Avec votre petit air d'obéir, c'est vous qui commandiez ; oui, certainement, tu commandais au sacristain, aux enfants de chœur et à moi-même.

AIR : *Et zon, zon, zon, le cœur n'a pas de peine.*

1er *Couplet.*

Oui, tout marche par toi,
Il m'a fallu, pour preuve,
Acheter malgré moi,
Cette soutane neuve.
   Tu le voulais,
   Et maîtresse
      Sans cesse,
   Tu commandais,
   Et moi, j'obéissais.

2me *Couplet.*

Craignant pour ma santé,
Tu venais en colère,
En renversant mon thé,
Me verser du madère.
   Tu le voulais,
   Et maîtresse
      Sans cesse,
   Tu commandais,
   Et moi, j'obéissais.

YVONNE. Je ne commanderai plus ici, monsieur le curé. (*Elle fait un pas pour aller reprendre sa malle*.*)
GABRIEL, *lui barrant le passage*.* Ah ! c'en est trop, à la fin... Entêtée Bretonne ! Mais moi aussi, je suis Breton !... Dans les circonstances où l'honneur de l'homme et la

* Gabriel, Yvonne.

* Yvonne, Gabriel.

charité du prêtre sont engagés, je suis têtu, entendez-vous, mademoiselle Yvonne, excessivement têtu !... (Se radoucissant.) D'ailleurs (il montre son cœur) elles sont restées là, les paroles prononcées par votre pauvre mère.

AIR de Téniers.

« Je vais mourir, remplacez-moi sur terre,
Et près de vous conservez mon enfant... »
Je le promis... Vous n'eûtes plus de mère...
J'ai rendu Dieu témoin de mon serment.
Vers le séjour que votre mère habite
Quand monterait ma prière du soir,
Elle dirait : C'est la voix hypocrite
Du faux ami, qui trahit son devoir.

YVONNE, *attendrie*. Monsieur le curé, ne me parlez pas de ma mère. Tout mon amour pour elle, tout mon respect pour vous ne pourront m'empêcher...

GABRIEL*. C'est bien... partez... allez, Yvonne, vous êtes une ingrate !

YVONNE.

Air de Téniers.

Ingrate !... moi ! non, je vais tout vous dire
Avant de quitter ce pays...
La calomnie ici conspire,
Par elle mes jours sont flétris !...
Je me tairais si cette injure,
Que sur moi l'on jette en ce lieu,
Ne tachait pas la robe sainte et pure
Que vous portez pour servir le bon Dieu.

La nuit vient par degrés.

GABRIEL, *joignant les mains*. Les malheureux !... ils ont osé... (*Il va s'asseoir sur le banc de gazon.*) Je sais, oui, je sais, Yvonne, d'où peut partir cette calomnie ; et contre elle, point d'armes... Se défendre... Ah ! se serait indigne !

YVONNE. Ah ! si j'avais épousé ce pauvre Pornic, il y a six mois ; mais il aurait fallu vous quitter, et rien que cette idée !... Voilà pourquoi j'ai tant hésité, tant tourmenté ce pauvre garçon ; et maintenant, il faut que je m'éloigne.

GABRIEL, *se levant*. Attendez... je puis parler à Pornic ; il vous aime toujours.

YVONNE. Me marier... rester dans ce village, c'est impossible ! Il faut que j'aille loin, bien loin d'ici, pour faire taire les mauvaises langues.

GABRIEL. Yvonne, j'ai besoin de réfléchir. Rentrez au presbytère. Je ne veux pas que vous partiez ainsi, à la tombée de la nuit, comme une coupable. Demain vous me quitterez, mais au grand jour.

YVONNE. Oui, monsieur le curé.

GABRIEL. Allez, allez, mon enfant.

* Gabriel, Yvonne.

ENSEMBLE.

AIR : *Ma petite fleur.* (Couder.)

YVONNE.
Calmant mes douleurs,
J'essuierai mes pleurs !
Votre voix si chère
Est celle d'un père !
Demain seulement
Votre pauvre enfant
D'ici partira,
Et vous bénira !

GABRIEL.
Calmez vos douleurs,
Essuyez vos pleurs,
Sur vous comme un père
Je veille, ma chère.
Demain seulement
Partez, pauvre enfant !...
Mon cœur vous suivra,
Et vous bénira !

Yvonne entre dans le presbytère.

SCÈNE VII.

L'ABBÉ GABRIEL, *puis* PORNIC.

GABRIEL, *seul*. Oui, oui, elle a raison... il faut qu'elle parte ! Mais la malheureuse enfant, seule, dans nos grandes villes... Que de dangers pour elle !... Loin de moi, où lui trouver un conseil, un appui ? J'ai beau chercher... rien, rien. (*Pornic paraît ; il est chargé de petits objets.*)

PORNIC, *sans voir l'Abbé**. J'ai fait l'éventaire de tout ce qu'elle m'a donné... Je crois n'avoir rien oublié. (*Apercevant l'Abbé.*) Pardon, monsieur le curé ; peut-on entrer au presbytère ?

GABRIEL, *d'un air distrait*. Oui, mon garçon.

PORNIC. Mamselle Yvonne y est ?

GABRIEL, *de même*. Oui.

PORNIC. Ça se trouve à merveille... je viens rompre le bail d'amour que j'avais fait avec elle, et, en honnête homme, je lui rapporte les pots de vin que j'ai reçus.

AIR : *Ma belle est la belle des belles.*

Non, je n' veux plus rien de l'ingrate !
V'là l'eustach' dont ell' me fit don.
V'là sa bague en verre,... un' cravate...
Plus un superbe mirliton.
Cet échaudé, je vais lui rendre...
Non, je n'en veux plus aujourd'hui...
Soupirant.
Comm' lui jadis elle était tendre...
Il jette par terre l'échaudé qui rend un son de pierre.
Maint'nant, elle est plus dur' que lui.

* Gabriel, Pornic.

GABRIEL, *qui pendant le couplet est allé s'asseoir sur le banc de pierre, à sa porte.* Oui, elle aurait vécu heureuse avec ce garçon-là. (*Il se lève et vient en scène.*)*

PORNIC. Oh! que oui, bien heureuse!... Quand il y a de l'amour et des gros sous dans un ménage... et ni l'un ni l'autre n'auraient manqué... Il y a ma tante Grabillard... Eh bien, elle me harcèle pour me laisser sa ferme... Fameuse affaire! mais elle veut que je sois marié; elle dit qu'un garçon, c'est comme les montres, ça se dérange... Supposition : je me serais marié à ce soir avec mam'selle Yvonne, demain je partais... demain, à dix lieues d'ici, j'aurais été mon propriétaire, mon bourgeois.

GABRIEL, *à part.* Yvonne loin d'ici... mariée à Pornic, la calomnie se taisait.

PORNIC, *soupirant.* Allons, il faut remettre tout ce bonheur-là dans sa poche, et le mouchoir par-dessus. (*Montrant le presbytère.*) Vous permettez, monsieur le curé?

GABRIEL. Écoute, Pornic... Tout espoir n'est peut-être pas perdu encore. Si Yvonne a tant balancé jusqu'à présent, c'est que tu n'as pas su t'y prendre.

PORNIC, *riant.* Ah! il serait farce tout de même qu'un curé...

GABRIEL. Écoute-moi. As-tu jamais été galant avec Yvonne?

PORNIC. Non.

GABRIEL. Lui as-tu fait de ces petits cadeaux qui plaisent tant aux femmes?

PORNIC. Jamais! Je sais que quand on se brouille, on rend, et comme ça m'aurait fait de la peine, je n'ai jamais rien donné.

GABRIEL. Eh bien, voilà pourquoi Yvonne, vis-à-vis de toi... Vois-tu, Pornic, à la ville comme à la campagne, les femmes sont très sensibles à ces petites prévenances. (*Montrant une des fenêtres du presbytère.*) Tu vois cette fenêtre... c'est celle de la chambre d'Yvonne.. Eh bien, quand la nuit sera tout à fait venue, place en silence sur ce balcon tes plus belles fleurs... Demain, en ouvrant sa fenêtre, Yvonne aura devant elle le plus joli bosquet... Si elle ne t'adore pas après une telle galanterie, ma foi...

PORNIC. Comment grimper à ce balcon?

GABRIEL. Avec une échelle.

PORNIC. Ah! sapristi!... (*Se reprenant.*) Oh! non, pas devant vous! un curé!... (*Il passe derrière l'Abbé.*) Ah! sapristi!... (*L'Abbé se retourne.*) Oh! c'te fois... j'étais derrière!... Pour un abbé queu fil vous avez!

* Pornic, Gabriel.

Air : *Il m'en souviendra, la rira.*

Vous connaissez bien le secret
Pour attaquer un' belle,
Vous savez bien comment on fait
L' siég' de cett' citadelle.
On dirait, monsieur le pasteur,
A votre humeur luronne,
Qu' vous avez eu pour professeur
Le curé de Pomponne.

~~~~~~~~~~~~~~~~~~~~~~~~~~~~~~~~~

SCÈNE VIII.

LES MÊMES, LESCORIOU, KERNOC, PAYSANS. (*Ils sont vêtus moitié en paysans, moitié en gardes nationaux.*)*

CHOEUR.

Air de *Léona.*

Veillons, (*bis*) braves Bretons,
Que le pays soit sans alarmes,
Nous prendrons tous ici les armes,
Et nous mettrons force plantons.

LESCORIOU. Attention... Isidore Grattepain, en faction près du petit bois... Jean Malcoulé, à l'entrée de la ruelle... Flamboyeux, au puisard... Kernoc, ici, devant le presbytère.

GABRIEL, *à part.* Quel contre-temps!

PORNIC, *bas à l'Abbé.* Dites donc, comment vais-je faire avec mes jonquilles et mes oreilles d'ours?...

GABRIEL, *bas.* Va toujours, et laisse-moi faire.

LESCORIOU, *qui pendant ce temps a placé Kernoc en faction.* A vos rangs.

REPRISE DU CHOEUR.

Veillons, (*bis*) braves Bretons...

Pornic s'éloigne par la droite, Lescoriou et les Paysans par la gauche. — La nuit augmente.

~~~~~~~~~~~~~~~~~~~~~~~~~~~~~~~~~

SCÈNE IX.

L'ABBÉ GABRIEL, KERNOC, *en faction près de la porte du verger.*

GABRIEL, *à lui-même.* Comment éloigner Kernoc pour que Pornic...

KERNOC, *allant et venant comme une sentinelle.* Est-ce que le curé aurait envie de passer la nuit sur cette place?... Diable!... et Lescoriou qui va revenir!...

GABRIEL, *haut.* Allons, bonne garde, Kernoc, et si vous faites votre devoir, nous n'aurons pas demain de nouveaux dégâts à constater.

* Pornic, Gabriel, Lescoriou, Kernoc.

menti, si c'était une personne à qui je dusse le respect.

URSULE. Pour vous, la situation n'a rien encore de bien extraordinaire.

ABEL, *tout en mangeant.* Elle quelque peu andalouse. (*A part.*) Oh! ma poitrine! (*Il se verse de l'eau.*)

URSULE. Si vous prenez tant d'eau il ne m'en restera pas.

ABEL, *à part.* C'est que j'ai un incendie à éteindre.

URSULE, *reprenant la conversation.* Mais moi, passer la nuit dans une chambre de garçon... et cela, quelques jours avant mon mariage.

ABEL. Tiens! vous allez vous marier? Par inclination, sans doute?

URSULE. Oh! c'est selon... D'abord, mon mari... n'est pas très-bien, si vous voulez...

ABEL. Je ne m'y oppose pas...

URSULE. Mais enfin, il n'est pas mal... et puis, il a tant d'esprit.

ABEL. En ménage, c'est du luxe.

URSULE. Mais pour lui c'était le nécessaire; car il s'agissait d'éloigner un rival... et un rival qui avait des droits antérieurs.

ABEL. Et il s'est laissé supplanter?

URSULE. De la meilleure grâce du monde.

ABEL. Jobard! imbécile! je bois à ta santé. A ta santé, jobard!

URSULE, *trinquant avec Abel.* Je m'y joins.

ABEL. Racontez-moi donc cette aventure drôlatique?

URSULE. Figurez-vous que dans mon pays, à Gournay...

ABEL. Tiens! vous êtes de Gournay? j'y connais quelqu'un à Gournay.

URSULE. Je possède une petite ferme... en plein rapport... c'est du bon bien.

ABEL. Ah! vous êtes fermière.

URSULE. C'est une parente, une sœur de ma mère, qui a laissé cette propriété à moi et à un de mes cousins que je n'ai jamais vu... à la condition par lui de m'épouser ou de renoncer à sa part de succession.

ABEL. Tiens! tiens!

URSULE. Vous comprenez que ces conditions-là n'arrangeaient guère le jeune homme en question.

ABEL. Celui qui a de l'esprit?...

URSULE. Oui... et il a si bien fait, que l'autre... le...

ABEL. Le jobard!...

URSULE. Oui, le jobard a renoncé de lui-même à tous ses avantages.

ABEL. Triple jocrisse!...

URSULE. Mais vous ne devineriez jamais le moyen que mon futur a employé pour ça?

ABEL, *gaiement.* Voyons le moyen?

URSULE. Figurez-vous qu'il a fait accroire à M. Abel...

ABEL, *étonné.* Ah! l'autre se nomme?...

URSULE. Abel.

ABEL. Joli nom!

URSULE. Comme ça!...

ABEL. Pardonnez-moi, il est biblique.

URSULE. Enfin! il lui a fait accroire... vous allez rire... qu'il était malade de la poitrine.

ABEL, *qui allait boire, pose précipitamment son verre.* Hein? vous dites... qu'il lui a fait accroire?...

URSULE. Et ce brave M. Abel Picaudé a donné dedans tête baissée!...

ABEL. Hélas!... ce n'était peut-être que trop vrai.

URSULE. Mais pas le moins du monde... il se porte comme vous et moi.

ABEL. Votre parole d'honneur?...

URSULE. Et pour s'en débarrasser, M. Athanase...

ABEL. Ah! Ananas!... voilà un nom ridicule...

URSULE, *continuant.* Lui a conseillé d'aller dans le Midi... et il y est allé... C'est drôle, n'est-ce pas? ah! ah! ah!

ABEL, *riant forcément.* Oui, c'est très-drôle!... ah! ah! ah! (*A part.*) J'étouffe de colère...

URSULE. Voyez-vous d'ici ce pauvre garçon, au plus fort de sa jeunesse et de sa santé, qui se condamne au lait d'ânesse, qui va se coucher dans des étables... On n'est pas plus...

ABEL. Plus bête... dites le mot!...

URSULE, *riant.* Ah! ah! ah!... Comment! ça ne vous fait pas rire?

ABEL. Mais si... je ris à gorge déployée... Ah! ah! ah! (*A part.*) Ah! je ne suis pas poitrinaire!...

URSULE, *effrayée.* Ah! mon Dieu! (*Ils se lèvent.*)

ABEL, *marchant avec agitation et prenant une voix de basse-taille.* Ah! je ne suis pas poitrinaire!

URSULE, *tremblante.* Monsieur, qu'est-ce que vous avez?

ABEL. Mais alors, je n'ai plus de ménagements à garder... Bibi, Lolo, Sophie, vous ne serez plus un rêve... je peux me livrer à toutes sortes d'excès... (*Il arpente le théâtre.*)* je peux boire du vin pur! (*Il revient à sa place et se verse deux grands verres de vin.*)** Hum!

URSULE. Il va se griser, le malheureux!

ABEL, *s'avançant vers elle.* Je peux!...

URSULE, *reculant.* Monsieur! Monsieur!

* Ursule un peu au fond, Abel.
** Abel, Ursule tenant sa chaise et le regardant.

ABEL.** M'envoyer dans le Midi!... me faire coucher dans des étables... avec des bêtes à... Faut que je me venge. (*Il poursuit Ursule, qui se réfugie derrière la table et met des chaises autour d'elle.*)

ENSEMBLE.

AIR : *Les Liquoristes.* (Chanteurs des rues. Palais-Royal.)

Pourquoi donc vous défendre?
On ne doit rien refuser
A l'amant le plus tendre
Qui vous demande un baiser.

URSULE.
Je saurai me défendre
Et l'on doit tout refuser
A celui qui veut prendre
De force un seul baiser.

ABEL, *cherchant à escalader les chaises qu'elle jette successivement devant lui.***

Passer la nuit entière
Dans mon logis,
Cette conduite est fort légère.
Oui, sur mon âme,
Je le proclame,
Par vous, madame,
Oui, mon honneur est compromis !

URSULE. (*Parlé.*) Et le mien, donc !

ENSEMBLE.

Je saurai me défendre, etc.

ABEL.

Pourquoi donc vous défendre, etc.

Abel veut saisir Ursule qui en s'échappant, fait tomber et brise la boîte qui est sur la table de nuit.

URSULE, *voyant la boîte ouverte, saisit la clef et court vers la porte.* Ah! je suis libre!

ABEL. Je suis volé! (*En courant après Ursule, son pied s'embarrasse dans une chaise; il tombe assis sur la chaise renversée.*) Oh! là la... le pied m'a tourné!... j'ai une entorse.

URSULE. C'est bien fait!

ABEL, *essayant de marcher.* Oh! c'en est une!... je ne peux plus bouger.

URSULE. C'est le ciel qui vous punit!

ABEL. Merci! riez de ça... C'est donc comique, un homme qui tombe et qui se donne une entorse! Mauvais cœur! (*Il fait un mouvement et pousse un cri de douleur.*) Oh! là! là!

URSULE, *à part.* Pauvre garçon!

ABEL. Non! non... allez votre train... moquez-vous de moi... Oh! là! là!

URSULE. C'est mal, ce que vous dites là... Pourquoi donc me moquerais-je de vous?

ABEL. Pourquoi? Ah! pardine, c'est tout

* Ursule, Abel.
** Abel, Ursule.

simple... tout à l'heure, vous étiez ma prisonnière... maintenant, vous avez la clef des champs, vous me narguez.

URSULE, *se rapprochant.* En ai-je l'air?

ABEL. Après ça, vous pouvez partir... ça m'est bien égal. Comment! vous ne partez pas?... qu'est-ce qui vous retient?

URSULE, *avec bonté.* Mais vous... qui souffrez...

ABEL. Hein? vous dites... Oh! la! la!

URSULE. Voyons! prenez mon bras.

ABEL. Elle m'offre son bras... son joli petit bras!... (*Il veut le lui embrasser elle le retire.*)

URSULE. Mais soyez sage, ou je vous laisse.

ABEL. Eh bien! non... eh bien! non... Que deviendrai-je si vous m'abandonnez... pauvre estropié... Oh! la! la!

URSULE. Allons, appuyez-vous!

ABEL, *s'appuyant sur son bras.* Dieu! est-on bien comme ça... et dire que si vous vouliez... car .. je veux à présent... et moi voulant, il ne vous resterait plus qu'à vouloir... Mais vous ne voudrez pas... vous tenez à votre monsieur... Comment l'appelez-vous, déjà?

URSULE. Athanase...

ABEL. C'est un nom si pitoyable, que je ne puis le retenir... avec ça, je suis sûr qu'il a un physique indigne.

URSULE. Mais non...

ABEL. D'abord... il doit avoir les cheveux...

URSULE. Il est blond!

ABEL. Bon!... il est carotte... je le vois d'ici... l'œil vairon... du coton dans les oreilles... beaucoup d'engelures aux mains...

URSULE. En effet!

ABEL. Et je ne serais pas étonné qu'il eût six doigts aux pieds.

URSULE. Par exemple! Enfin, si je l'aime, moi!

ABEL. Si vous l'aimez! Primo et d'une, vous ne l'aimez pas!...

URSULE. Oh! que si.

ABEL, *se levant.* Oh! que non!.. vous seriez bien lotie avec un pareil phénomène.

URSULE. Monsieur!

ABEL, *trébuchant.* Oh! là! là!

URSULE, *se rapprochant vivement et le soutenant.* Il va tomber.

ABEL. Ce n'est rien... merci! je disais donc que votre M. Ananas n'est pas du tout votre fait et je connais quelqu'un, moi, qui vous irait un peu mieux.

URSULE. A moi?

ABEL. Oui, à vous... un jeune homme très-bien... santé solide... hum! fortune idem, physique agréable.

URSULE. Ah!
ABEL. L'œil vif, la dent belle, la chevelure luxuriante, des talents, quelque peu d'esprit.
URSULE. Mais enfin, cette personne...
ABEL. N'attend qu'un mot de vous pour mettre à vos pieds sa main, son nom, son cœur, son patrimoine, son mobilier... tout.
URSULE. Quoi! ce serait?...
ABEL. Oui!

AIR : *Toc, toc.* (Nargeot. Marquis de Carabas.)

Ah! devenez ma femme,
    Madame!
Ou craignez de ma flamme
    L'éclat.

Mettant la main sur son cœur.

Toc! toc! toc! toc! Ah! comme ça bat!
Toc! toc! c'est un fameux sabbat!

URSULE.

Monsieur, je vous en prie!

ABEL.

Folie!

URSULE.

Laissez-moi, sinon j'crie!

ABEL.

Ah! bath!

ENSEMBLE.

Toc! toc! toc! toc! Ah! comme ça bat!
Toc! toc! d'où vient un tel sabbat?

ABEL.

Ne soyez plus rebelle,
    Mam'zelle,
Et qu'un bon baiser scelle
    Nos nœuds...

ENSEMBLE.

Toc! toc! toc! toc! que je s'rais heureux,
                   il s'rait heureux,
Toc! toc! si vous comblez mes vœux,
          si je comble ses vœux.
Toc! toc! toc! toc! etc.
Il faut combler mes vœux.
Je dois combler ses vœux.

Il embrasse Ursule. En ce moment, on entend frapper avec force à la porte du fond. La musique continue en sourdine.

UNE VOIX DANS LA COULISSE.** Mamzelle Ursule, êtes-vous prête? je viens vous chercher.
URSULE, *bas.* Mon cousin!
ABEL. Ananas!
URSULE. Ah! mon Dieu! je l'avais oublié.
ABEL. Ce mot me suffira.

* Ursule, Abel.
** Ursule, Abel, Athanase en dehors.

LA VOIX, *en dehors.* Mamzelle Ursule, maman est en bas, dans la carriole. Nous n'avons pas de temps à perdre, si nous voulons prendre le train de sept heures.
ABEL, *d'une voix forte.* C'est inutile, nous ne partons pas.
LA VOIX, *en dehors.* O ciel!... il y a un homme enfermé chez vous?
ABEL. Au contraire, c'est une femme qui est enfermée chez moi.
LA VOIX, *en dehors.* Qui que vous soyez, vous m'en rendrez raison... votre nom, monsieur?
ABEL, *lui passant une carte par dessous la porte.* Voici ma carte : Abel Picaudé, ex-poitrinaire.
URSULE. Mon cousin Abel!
LA VOIX, *en dehors.* Je suis enfoncé! Cré nom! *Il donne un grand coup de pied dans la porte.*
ABEL. Le lâche! frapper une faible porte...
URSULE. Comment! c'est vous qui êtes...
ABEL. Oui, cet Abel, un peu naïf, un peu jobard! mais nullement poitrinaire, fichtre! *(Il fait un entrechat.)*
URSULE. Eh bien! dites-donc... et votre entorse?
ABEL. Frime!.. Ma petite femme...
URSULE. Votre femme... moi!.. Vous n'avez donc plus peur du mariage?
ABEL. Ma foi, non... J'ai causé avec vous... j'ai chanté avec vous... j'ai soupé avec vous... j'ai.... Ma foi, l'appétit vient en mangeant. Et maintenant, en route pour Gournay. *(Il lui donne le bras.)*
URSULE. Un instant... n'oublions pas que nous sommes dans un hôtel garni. Avant de partir il faut régler ses comptes.

Air *précédent.*

Mais c'est drôle, il me semble
    Que j'tremble!

ABEL.

Alors, parlons ensemble.

URSULE.

D'accord.

ENSEMBLE, *au public.*

Toc toc toc toc! ah! sur not' sort
Toc toc, rassurez-vous d'abord!
Toc toc toc, toc, etc.
Messieurs, faites un effort,
Battez encor plus fort.

FIN.

Accessoires de la Pièce.

En scène. Un lit avec des rideaux et matelas, traversin, oreiller, couverture, draps. Une table de nuit, un guéridon. — Un petit meuble gothique couvert de livres; dans la petite armoire du meuble un couvert, un couteau; au-dessus de la musique vocale et instrumentale. — Sur la table de nuit, un coffret vide et ouvert, une boîte d'allumettes chimiques, un éteignoir. — Sur le guéridon, une bougie allumée; du papier, une plume et de l'encre. — Sur la cheminée une bougie non allumée, une carafe pleine d'eau, un verre, un sucrier avec du sucre, une bouilloire, quatre petites fioles avec des étiquettes, une petite pendule. — Dans la cheminée, du bois, du feu, de la braise, une veilleuse, une pelle, un torchon accroché à la cheminée. Sur les murs, quatre petits tableaux, de petits sujets. — Un fauteuil, trois chaises, un tabouret, un tabouret de pied, un violoncelle et son archet, une bassinoire. — Un panier contenant de la volaille, une galette et une bouteille de vin.

A Abel. Un sac de nuit, un parapluie, une montre, une bourse, une boîte avec des boules de gomme, une toute petite clef (serrure nouvelle), une tasse en cuir bouilli, une lettre, une carte de visite, un rat de cave, une brochure sur le petit meuble.

A Ursule. Une toute petite clef (en cas d'accident), pareille à celle d'Abel.

S'adresser, pour la musique exacte, à M. Oray, chef d'orchestre du théâtre des Folies-Dramatiques.

Paris. — Imprimerie Dondey-Dupré, rue Saint-Louis, 46, au Marais.

L'HONNEUR DE MA MÈRE, drame en 3 actes.
INDIANA, drame en 5 actes.
L'ILE D'AMOUR, drame vaudeville en 3 actes.
LES IMPRESSIONS DE VOYAGE, vaudeville en 2 actes.
IVAN DE RUSSIE, tragédie.
JACQUES LE CORSAIRE, drame en 5 actes.
JACQUES CŒUR, idem.
JEANNE D'ARC EN PRISON, vaudeville en 1 acte.
JEANNE DE FLANDRE, drame en 5 actes.
JEANNE DE NAPLES, idem.
JEANNE HACHETTE, drame en 5 actes.
JE SERAI COMÉDIEN, comédie en un acte.
LA LANTERNE DE DIOGÈNE, monologue en 1 acte.
LESTOCQ, opéra comique en 3 actes, par Scribe.
LA LECTRICE, comédie-vaudeville en 2 actes.
LÉON, drame en 5 actes.
LOUISE BERNARD, drame en 5 actes, par Alex. Dumas.
LE LAIRD DE DUMBIKI, par Alex. Dumas.
LUCIO, drame en 5 actes.
LONGUE-ÉPÉE LE NORMAND, drame en 5 actes.
LORENZINO, drame, par Alex. Dumas.
LA LESCOMBAT, drame en 5 actes.
MARINO FALIERO, tragédie en 5 actes, par Casimir Delavigne.
LE MARI DE LA VEUVE, comédie en un acte, par Alex. Dumas.
MARIE, comédie en 5 actes, par Mme Ancelot.
LE MANOIR DE MONTLOUVIERS, drame en 5 actes.
MARGUERITE D'YORK, drame en 5 actes.
LE MARCHÉ DE SAINT-PIERRE, idem.
LA MAIN DROITE ET LA MAIN GAUCHE, idem.
LE MARCHAND D'HABITS, idem.
MADELEINE, idem.
MADEMOISELLE DE LA FAILLE, idem.
MARGUERITE DE QUÉLUS, idem.
MARGUERITE PORTIER, idem.
MARGUERITE, vaudeville en 3 actes, par Mme Ancelot.
MATHIAS L'INVALIDE, comédie-vaudeville en 2 actes.
MADAME ET MONSIEUR PINCHON, vaudeville en 1 acte.
MADEMOISELLE D'ANGEVILLE, idem.
MARCEL, drame en 5 actes.

LA MAITRESSE DE LANGUES, vaudeville en 1 acte.
LA MARQUISE DE SENNETERRE, comédie en 3 actes.
MATHILDE ou la Jalousie, comédie-vaudeville en 2 actes.
MONSIEUR ET MADAME GALOCHARD, vaudeville en 1 acte.
MORIN, drame en 5 actes.
LES MILLE ET UNE NUITS, féerie en 3 actes et 16 tableaux.
LE MOINE, drame en 5 actes.
MURAT, drame en 5 actes et 16 tableaux.
LE MARI DE LA DAME DE CHŒURS, vaudeville en 2 actes.
LA MARQUISE DE PRÉTINTAILLE, vaudeville en 1 acte.
NAPOLÉON BONAPARTE, drame en 6 actes, par Alex. Dumas.
LE NAUFRAGE DE LA MÉDUSE, drame en 5 actes.
NOTRE-DAME DES ABIMES, drame en 5 actes.
LA NONNE SANGLANTE, idem.
L'OFFICIER BLEU, drame en 5 actes.
LES ORPHELINS D'ANVERS, idem.
L'OUVRIER, drame en 5 actes, par Fréd. Soulié.
PAUL JONES, drame en 5 actes, par Alex. Dumas.
PAUL ET VIRGINIE, drame en 5 actes.
PARIS LA NUIT, idem.
PAMÉLA GIRAUD, drame en 5 actes, par Balzac.
LE PAYSAN DES ALPES, drame en 5 actes.
PARIS ET LA BANLIEUE, drame en 5 actes.
PAUVRE MÈRE, idem.
PAUVRE FILLE, idem.
PARIS LE BOHÉMIEN, idem.
PASCAL ET CHAMBORD, com.-vaud. en 2 actes.
LA PLAINE DE GRENELLE, drame en 5 actes.
LA PENSIONNAIRE MARIÉE, vaudeville en 2 actes, par Scribe.
PRÊTEZ-MOI CINQ FRANCS, drame en 5 actes.
LE PERRUQUIER DE L'EMPEREUR, drame en 5 act.
PIERRE LEROUGE, com.-vaud. en 2 actes.
LES PILULES DU DIABLE, féerie en 18 tableaux.
LES PETITES MISÈRES DE LA VIE HUMAINE, vaudeville en 1 acte.
LE PLASTRON, comédie-vaudeville en 2 actes.
LE PRINCE EUGÈNE ET L'IMPÉRATRICE JOSÉPHINE, drame en 10 tableaux.
LES PRUSSIENS EN LORRAINE, drame en 5 act.

LE PROSCRIT, drame en 5 a., par Fréd. Soulié.
LE PROCÈS DU MARÉCHAL NEY, drame en 5 act.
LA PLAINE DE GRENELLE, idem.
QUI SE RESSEMBLE SE GÊNE, vaudev. en 1 acte.
QUAND L'AMOUR S'EN VA, vaudev. en 1 acte.
RENAUDIN DE CAEN, comédie en 2 actes.
RICHE ET PAUVRE, drame en 5 actes, par Emile Souvestre.
RITA L'ESPAGNOLE, drame en 5 actes.
LES RUINES DE VAUDEMONT, idem.
LE ROI D'YVETOT, opéra-comique en 3 actes.
ROMÉO ET JULIETTE, par Frédéric Soulié.
SANS NOM, folie-vaudeville en 1 acte.
LA SALPÊTRIÈRE, drame en 5 actes.
LES SEPT CHATEAUX DU DIABLE, féerie en 5 act.
LA SOEUR DU MULETIER, drame en 5 actes, par Bouchardy.
LES SEPT ENFANTS DE LARA, drame en 5 actes.
STELLA, ou la Forteresse du Mont des Géants, drame en 5 actes.

LA SONNETTE DE NUIT, folie-vaudev. en 1 acte.
LA TACHE DE SANG, drame en 3 actes.
LA TRAITE DES NOIRS, drame en 5 actes.
LE TREMBLEMENT DE TERRE DE LA MARTINIQUE, drame en 5 actes.
LA TIRELIRE, vaudeville en 1 acte.
LA TOUR DE FERRARE, drame en 5 actes.
THOMAS MAUREVERT, idem.
UN BAL DU GRAND MONDE, vaud. en 1 acte.
UN BAS-BLEU, folie en 1 acte.
UN CHANGEMENT DE MAIN, comédie en 2 actes.
UN MARIAGE SOUS LOUIS XV, comédie en 3 actes, par Alex. Dumas.
UNE PASSION, vaudeville en 1 acte.
UNE VISION DU TASSE, monologue en 1 acte et en vers.
VAUTRIN, drame en 5 actes, par Balzac.
LA VÉNITIENNE, drame en 5 actes.
LA VOISIN, drame en 3 actes.
LA VIE DE NAPOLÉON, récit en 1 acte.

CHEFS D'OEUVRE DU THÉATRE FRANÇAIS, A 25 CENTIMES.

ATHALIE, tragédie en 5 actes.
ANDROMAQUE, tragédie en 5 actes.
L'AVARE, comédie en 5 actes.
LE BARBIER DE SÉVILLE, comédie en 4 actes.
BRITANNICUS, tragédie en 5 actes.
CINNA, tragédie en 5 actes.
LE CID, tragédie en 5 actes.
LE DÉPIT AMOUREUX, comédie en 2 actes.
L'ÉCOLE DES FEMMES, comédie en 5 actes.
LES FOLIES AMOUREUSES, comédie en 3 actes.
HAMLET, tragédie en 5 actes.
LES HORACES, tragédie en 5 actes.
IPHIGÉNIE EN AULIDE, tragédie en 5 actes.

LE MARIAGE DE FIGARO, comédie en 5 actes.
MAHOMET, tragédie en 5 actes.
LA MORT DE CÉSAR, tragédie en 5 actes.
LE MISANTHROPE, comédie en 5 actes.
LA MÈRE COUPABLE, comédie en 3 actes.
MÉROPE, tragédie en 5 actes.
LA MÉTROMANIE, comédie en 5 actes.
LE MALADE IMAGINAIRE, comédie en 3 actes.
OTHELLO, tragédie en 5 actes.
PHÈDRE, tragédie en 5 actes.
POLYEUCTE, tragédie en 5 actes.
LE TARTUFE, comédie en 5 actes.
ZAÏRE, tragédie en 5 actes.

PIÈCES NOUVELLES, A 2 CENTIMES.

LE CONGRÈS DE LA PAIX, vaudeville en un acte.
LE TREMBLEUR, comédie-vaudeville en 2 actes.
LA MORT DE GILBERT, monologue en vers.
UNE MAUVAISE NUIT EST BIENTOT PASSÉE, comédie-proverbe.
UNE BONNE FILLE, comédie-vaudeville en un acte.
LA FACTION DE M. LE CURÉ, vaudeville en un acte.

LE COMTE HERMANN, drame en 5 actes, par M. Alex. Dumas. Prix : 50 cent.
LE MOULIN DES TILLEULS, opéra-comique en 1 acte. Prix : 50 centimes.

PARIS. — Imprimerie Dondey-Dupré, rue Saint-Louis, 46, au Marais.

www.ingramcontent.com/pod-product-compliance
Lightning Source LLC
Chambersburg PA
CBHW071427060426
42450CB00009BA/2056